AF258309

QUE VEUT-ON

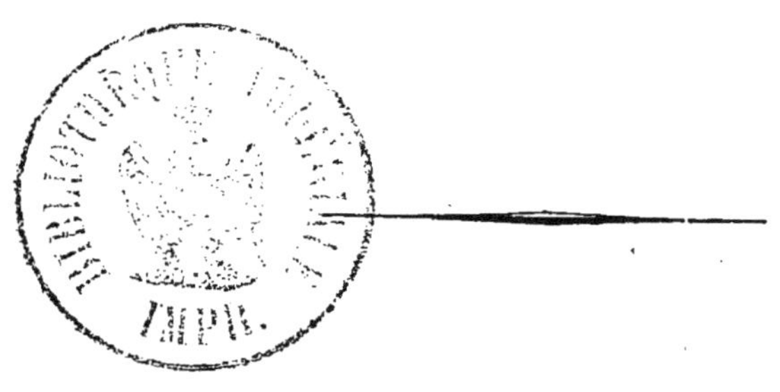

PARIS

E. DENTU, LIBRAIRE-ÉDITEUR

PALAIS-ROYAL, 17 ET 19, GALERIE D'ORLÉANS

—

1868

QUE VEUT-ON?

En 1789, le roi Louis XVI demandait aux États généraux de l'aider à accomplir les réformes qu'il croyait indispensables au bonheur des Français.

Après l'ère révolutionnaire, l'autorité d'un César parut nécessaire au rétablissement de l'ordre.

En 1814, la France, menacée de la domination étrangère, fut trop heureuse de se jeter dans les bras de ses rois légitimes. D'ailleurs, comme le disait alors une chanson populaire :

> Remettez chaq' chose à sa place ;
> Les champs réclament nos guerriers ;
> Sire, entre nous, la terre est lasse
> De ne produir' que des lauriers.

Au mois de juillet 1830, animée par l'esprit prétendu philosophique du règne de Louis XV, l'ombrageuse bourgeoisie parisienne renversa le trône du roi Charles, qu'elle regardait comme l'appui de la noblesse et du clergé.

En février 1848, une autre catégorie d'aspirants aux prérogatives constitutionnelles voulut remplacer les satisfaits du règne de Louis-Philippe.

Au mois de juin suivant, étonnée de se voir ramenée à l'obéissance des lois, et réduite au silence de la paix, la minorité, qui considère le nom de république comme synonyme d'état révolutionnaire, essaya ses forces et vint succomber en luttant contre la raison.

Peu de temps après, sans contrainte aucune et malgré les obstacles les plus sérieux, huit millions de voix offrirent librement la couronne impériale à l'héritier de Napoléon Iᵉʳ.

Tous ces faits, toutes ces aspirations, avaient leur raison d'être et pouvaient s'expliquer.

Aujourd'hui, que nul n'a de motifs à alléguer pour changer la situation des choses, que personne ne voit ses intérêts lésés, qu'il n'existe pas même de froissements chimériques dont on puisse se plaindre, en entendant ce murmure incessant que légitimerait, seule, la souffrance physique ou l'oppression morale, n'est-il pas permis de demander : Que veut-on ?

Nous n'adressons pas cette question à ceux qui se passeraient volontiers d'un gouvernement quelconque ; gens capables de tout, quoique n'étant capables de rien.

On les connaît, aujourd'hui ; les masses ne les écoutent plus. Leur temps est passé.

C'est aux hommes sensés que nous soumettons ces réflexions, en les adjurant d'entendre une voix amie, parfaitement indépendante, et de croire que notre unique désir est d'éviter à la France les maux incalculables qu'amènent toujours les commotions politiques et sociales.

Certains économistes, il est vrai, ont fait savoir qu'ils demandaient la *décentralisation;* d'autres publicistes habiles et sincères, partisans de la liberté, en réclament l'obtention comme celle d'une panacée propre à guérir tous les maux.

L'énergie qu'ils déploient souvent, dans l'émission de leurs vœux, nous rassure, au moins pour le moment, sur notre situation présente... Il est évident, quand on les a lus, qu'on peut encore, en France, parler, écrire et penser tout haut.

Mais, cette modeste brochure n'est destinée ni à soutenir ni à combattre les théories de plusieurs écrivains qu'un talent incontestable et que les meilleures intentions placent au-dessus de nos conseils.

Si l'on allait supposer que, sans admettre la perfectibilité de notre Constitution, très-robuste d'ailleurs, nous admirons, de parti pris, tout ce qui se fait dans la sphère gouvernementale, on se tromperait étrangement; mais nous redoutons l'effet de ce qui se dit chaque jour; nous voudrions voir, surtout, les conservateurs de toutes les nuances comprendre enfin l'importance de leur mission, qu'ils réduisent au triste rôle de Cassandres si grognons qu'on les croirait mécontents de posséder ce que tant d'autres ne songent qu'à leur prendre.

Pour démontrer la justesse de nos observations, il faut bien entrer dans certains détails, en arriver aux personnalités, rappeler même de lointains souvenirs...

Notre franchise nous fera peut-être pardonner un langage qui paraîtra nouveau parce qu'il est vrai.

*

I.

Sans parler des républicains, — leurs opinions s'opposent radicalement à la mise en pratique de nos idées, — trois partis sont encore en présence : les Légitimistes, qui soutiennent le droit naturel ; les Orléanistes, qui s'appuient sur un droit artificiel ; les Impérialistes, représentants du droit véritable.

Nous ne sommes pas de ceux qui auraient fait la révolution de palais appelée *Révolution de Juillet.* Toujours nous regretterons l'atteinte si inutilement portée au grand principe de l'hérédité monarchique, cette immortalité légale que chaque dynastie invoque à son profit, en arrivant au pouvoir. Néanmoins, tout en nous inclinant avec le plus profond respect devant l'auguste exilé dont le Seigneur semble avoir transformé la couronne terrestre, qu'il

tenait de ses aïeux, en auréole indestructible ;
suivant l'exemple qu'Il donne, en demeurant
un principe et non un prétendant, à son sujet,
nous répéterons avec un poëte qui nous était
bien cher :

Des desseins de la Providence
Ne blâmons pas la profondeur.

II.

Pour plus d'un esprit sérieux, l'Orléanisme
est au Légitimisme ce qu'est le Protestantisme
au Catholicisme.

L'intérêt de quelques ambitieux l'a enfanté ;
la base sur laquelle il se pose est celle d'une
autre maison existante ; aucune unité dans les
vues et rien de fixe dans la forme.

Ici, les sectes se distinguent suivant les goûts

et le nom du personnage qu'on préfère parmi les membres de bonne volonté d'une même famille; mais, à moins de diviser la France, comment résoudre une question de pure fantaisie ?

Beaucoup de très-braves gens s'imaginent que l'arrivée au pouvoir d'un prince de la maison d'Orléans ramènerait, à sa suite, la pondération équitable en toute chose dont on jouissait encore il y a vingt ans...

Là est une erreur bien grande, qui ne pourrait être suivie que d'une pénible déception.

Serait-il donc possible, aujourd'hui, de remonter le torrent qui, tous, nous a entraînés dans sa course effrénée ?

Que celui qui souhaite si ardemment de voir renaître l'esprit de modération indispensable au vrai bonheur, jette un regard autour de lui et sur lui-même...

Après cet examen, on peut douter qu'il conserve encore l'espoir d'assister, un jour, à cette métamorphose après laquelle il soupire en vain.

Serait-ce un changement de prince qui opérerait un virement dans les idées reçues, et détruirait les nouveaux besoins inoculés, de notre temps, dans les habitudes des populations?

Certes, il se pourrait qu'une catastrophe politique amenât, momentanément, une dépréciation générale des choses qui ferait diminuer à Paris, par exemple, le prix des loyers; mais combien, alors, on regretterait l'époque où, si l'on dépensait beaucoup, on recevait ou gagnait au moins de quoi payer!

Quand la plus-value en tout genre élève les chiffres sur le papier, le niveau s'établit de même, en montant, et il importe peu de savoir quelle quantité de charbon absorbe une machine qui marche bien, si l'on peut facilement pourvoir à son alimentatation, et si les produits dépassent toujours de beaucoup les frais qu'elle occasionne.

Assurément, nous ne nous plaignons point de l'augmentation des salaires, qui n'apporte pas encore tout le bien-être désirable aux ouvriers et à leurs familles; toutefois, il est très-vrai que jamais les rétributions n'ont été aussi élevées que de nos jours, et que la différence entre les ressources qu'offrait le travail autrefois, et celles qu'il présente aujourd'hui, doit rendre moins sensible le renchérissement des denrées de première nécessité.

Sur ce chapitre-là, il serait à souhaiter qu'on n'entendît plus ces gémissements continuels que poussent certaines personnes assez heureuses pour être appelées à procurer de l'occupation aux travailleurs.

Qu'elles y songent : ce qui vient s'ajouter au prix qu'il leur conviendrait de donner n'est souvent pour elles qu'une affaire d'habitude à prendre, une atteinte portée au superflu, tandis que c'est toujours, pour les prolétaires, l'unique moyen honorable d'arriver à la solution d'un grand problème, celui de subvenir à leur très-modeste existence.

D'ailleurs, on peut être persuadé que Dieu n'a pas accordé des capitaux et des propriétés à quelques privilégiés de la terre, afin qu'ils en accumulent constamment les revenus; et, comme chacun sera responsable de l'usage qu'il aura fait des biens reçus, nous engageons les gens riches à faire apurer d'avance, en esprit, tous leurs petits comptes par de très-pauvres gens.

III.

Les Impérialistes, eux, ne devraient-ils pas trouver, dans le triomphe de leur cause, un motif de satisfaction suffisante et savoir borner l'ambition qui les ronge au point de les rendre exigeants, et parfois ingrats?

Si les exemples venant de haut sont les meilleurs, certes, Napoléon III qui, lui, n'a pris la place de personne, son histoire est pure de toute usurpation, Napoléon III montre bien, pour la classe ouvrière, une sollicitude qui ne doit laisser que le désir de l'imiter, chacun suivant ses moyens.

Cette générosité est même encore un grief qu'on allègue contre l'Empereur, en criant après les désastres causés par le défaut d'ordre dont nos finances auraient à souffrir.

L'entourage du souverain que la France a choisi est aussi un thème à critiques sans fin, et ceux qui voudraient être à la place la plus rapprochée du soleil parlent ordinairement de choses qu'ils connaissent à peine, mais qu'ils affirment, malgré tout. Il est si doux de blâmer et de paraître au courant, même de ce qui ne se fait pas !

Nous sommes convaincu que l'Empereur sait beaucoup mieux qu'un autre à quoi s'en tenir sur la valeur de ses serviteurs douteux, s'il en existe. On ne doit pas dire pour cela : Il les connaît ; donc, il ne les estime guère ; mais l'Empereur connaît aussi bien ceux qui pourraient les remplacer près de sa personne, et l'envie d'opérer un changement ne lui vient pas.

Ceci admis, qu'on recherche donc l'origine des fortunes que possèdent actuellement les représentants des plus illustres favoris de nos rois, anciens et modernes, et qu'on vienne ensuite parler des nouveaux enrichis d'à présent... Ce parallèle instructif ne serait pas sans intérêt, il est permis de le supposer.

Le nombre infini de fonctionnaires, d'employés salariés par l'État est également appelé abus déplorable, gaspillage des deniers publics, et, avant tout, on l'incrimine comme un moyeu électoral laissé à la disposition du gouvernement.

Pour admettre ce dernier danger, il faudrait qu'il y eût beaucoup d'employés satisfaits de leur position et ne se posant pas en victimes vouées fatalement au bureau : — quelques-uns prononcent ce mot à l'italienne. — Or, le contraire est cent fois prouvé , et le scrutin des villes vient, à chaque élection, confirmer notre assertion. Quant à supprimer un seul de ces colliers si enviés par la gent solliciteuse et si lourds à porter, au dire des *harnachés,* l'on n'y doit pas songer un instant.

Bon ou mauvais, l'état bureaucratique est passé dans nos mœurs. Pour une foule de ménages, les appointements de l'époux forment la meilleure partie du revenu commun, et, par suite de la diffusion des lumières intellectuelles, il faut des places aux hommes qui peuvent en réclamer le produit comme un intérêt dont leur instruction est le capital.

Nous l'avons déjà dit : la pensée de tout admirer ne se présente pas même à notre esprit ; seulement, nous sommes certain qu'un gouvernement, quel qu'il soit, ne peut parvenir à répondre aux aspirations de quarante millions d'individus, et nous voudrions qu'on tînt compte à l'Empereur des efforts constants qu'il fait pour satisfaire tout le monde.

Pourquoi ne parlerions-nous pas également de cette Égérie à laquelle la catholicité doit tant ?

Sans sa gracieuse permission, nous reproduirons ici la seconde strophe d'une cantate composée par un barde de village :

La joie est dans les cœurs ! d'où vient cette allégresse ?
Job appelle ses fils et veut les embrasser ?
Phidias reniera les beautés de la Grèce......
    L'Impératrice va passer !

IV.

Avant 1830, il existait de bons et dignes Français se disant royalistes, qui, chaque matin, savouraient les articles des journaux de l'opposition et, se faisant l'écho des plus absurdes diatribes, soupiraient, ensuite, comme des amis malheureux, forcés de convenir qu'on commettait mille fautes inqualifiables, de fâcheuses maladresses, de coupables manœuvres, d'ostensibles et blessants délits de préférence....... Ces loyaux serviteurs ne manquaient pas une occasion de blâmer ce qui se faisait alors, votant contre tous les ministères, se réjouissant des leçons que les Gros-Jean de l'époque donnaient à leurs curés ; puis, en fredonnant une chanson de Béranger , tous auraient voulu faire entendre maints conseils

au souverain et pouvoir diriger, enfin, le char
de l'État, de façon à l'arrêter sans cesse, au
bord de l'abîme..... qu'ils creusaient ; le tout,
avec d'excellentes intentions.

Or, le jour arriva où tant d'efforts hostiles
devaient aboutir à un succès prévu par les uns
et ignoré par les autres.

Le vieux Roi-chevalier perdit sa couronne,
et nous avons vu de bons propriétaires, d'anciens officiers, d'honorables magistrats verser
des larmes, en s'accusant d'avoir, chacun dans
sa sphère, miné, sans le vouloir bien entendu,
l'édifice qu'ils auraient ensuite voulu restaurer
au prix de tout leur sang, quand il était trop
tard.

Cette leçon ne profitera-t-elle qu'à ceux qui
l'ont reçue ? Il est à souhaiter qu'il en soit au-
trement ; car, ce que nous cherchons à démontrer, c'est que le régime actuel est, *avec*
contredit, aussi bon qu'on peut le désirer rai-
sonnablement en l'an de grâce 1868.

Aussi, redoutons-nous les regrets qu'amène-
rait sa chute.

Qu'on retienne bien ceci : Le règne de Napoléon III sera regardé, un jour, comme une des phases heureuses de notre histoire contemporaine.

Pour le prouver, il suffit de passer en revue à grands traits les différents groupes dont se compose la nation française.

V.

Noùs n'avons rien à ajouter relativement aux classes laborieuses. Que les maris vaillent leurs femmes, et bien des maux disparatront

Le clergé, très-respectable et très-respecté , a rarement été plus honoré qu'à présent.

Les églises anciennes sont entretenues avec décence ; de nombreux monuments religieux surgissent comme au moyen âge , abstraction faite du style architectural.

La plupart des ecclésiastiques de nos campagnes trouvent le moyen de vivre et de faire des aumones. Qu'il y a loin du moment actuel à l'époque où les prêtres du Seigneur allaient bénir les arbres de la liberté !

Mais, pour Dieu ! ne l'oublions pas.

Comme gage de sécurité, les catholiques ont reçu la promesse formelle que *jamais* le gouvernement de l'Empereur n'abandonnerait le Souverain-Pontife. L'expropriation pour cause d'utilité piémontaise a seule pu enlever une partie du domaine de Saint-Pierre ; terrain sacré dont la restitution allégera un jour la marche embarrassée du peuple italien, quand le principe de la fédération aura reçu son application, ce qui ne peut tarder.

Souvent l'on a *crié* après les dépenses occasionnées par l'occupation française des États de l'Église.

A ces soupirs bruyants nous répondrons :

Quand, pour exécuter sa promesse, l'Empereur eut retiré ses troupes de Rome, a-t-on, ensuite, supprimé un régiment? A-t-on réduit l'armée d'un seul homme? Assurément non.

Les frais d'expédition se réduisaient donc à une question de transport, aux effets d'un changement de garnison.

Si, au lieu d'entraver l'action du gouvernement par des clameurs passionnées, il avait été permis d'espérer que la protection éphémère de la France planerait toujours sur la Ville éternelle, de façon à conserver intacte l'œuvre de Charlemagne, combien de sérieux avantages de débouchés notre industrie nationale aurait-elle trouvés en s'installant dans un pays, à peu près exempt d'impôts, où la présence d'une fabrique quelconque serait regardée comme un bienfait !

Pourquoi n'avoir pas voulu comprendre que l'Angleterre, en réclamant sans relâche le retrait de nos soldats, n'avait qu'un but, celui de nous empêcher de fonder un établissement durable, dont les résultats immenses, au point de vue politique et commercial, lui eussent donné une fois de plus, peut-être, le regret très-naturel d'avoir abandonné le giron de l'Église romaine?

Mais revenons à notre énumération.

VI.

Ici, les négociants jouissent, maintenant, d'une liberté qui paraît presque les embarrasser. Les plaintes de plusieurs d'entre eux, synonymes d'un aveu d'insuccès, ne révéleraient-elles pas un défaut de chance au grand jeu d'adresse par excellence nommé : le commerce? Le gouvernement, qu'on est censé prendre pour boussole et dont on récuserait la direction, s'il voulait en imprimer une, devient nécessairement l'agent responsable de tout ce qui arrive de fâcheux aux spéculateurs.

Souvent il est accusé par les uns de favo-

riser la hausse, tandis que, pour semblable valeur, d'autres lui reprochent la baisse, en
même temps. .

. L'amour-propre blessé, la mauvaise hu-
meur causée par une opération malheureuse,
ou, dans un ordre inférieur, un simple ac-
cident, nous font trop souvent attribuer à
autrui notre adverse fortune.

L'armée, elle, admirable de dévouement et
très-justement appréciée, n'a rien à envier aux
héros des autres nations; du reste, ses *mur-
mures* sont tous approbatifs, et ses cris, des
hourras.

Pour la magistrature, personnification du de-
voir et des saines doctrines du passé, elle con-
tinue à rendre des arrêts qui feraient croire à
la stabilité des choses humaines, et des servi-
ces sans nombre à la société, dont elle est le
boulevard le plus sûr.

En raison de sa bienveillante sagesse, son
silence même serait significatif et devrait pré-
occuper..... mais, à l'heure où nous sommes,
ses bonnes, ses belles paroles n'ont encore

fait défaut ni aux grands ni aux petits, et, à aucune époque, les organes de la loi n'ont été aussi respectueusement écoutés.

La position indépendante de la Faculté de médecine n'en fait-elle pas un corps exceptionnellement heureux et distingué? Ses membres ont-ils jamais reçu autant de décorations que depuis la restauration de l'Empire?

Quant aux idées d'incrédulité qu'on leur reproche et que de malins docteurs se plaisent à laisser supposer, — la controverse amuse les gens d'esprit, — elles ne nous effrayent nullement; ceux qui parlent le plus de matérialisme y mettent une *âme* impossible à nier; puis, il ne faut redouter que les sots, et nous n'en avons pas encore trouvés qui soient munis du précieux diplôme.

Une remarque à faire, ensuite, c'est que les médecins, même les moins dévots, choisissent presque toujours pour femmes de très-bonnes chrétiennes, et qu'ils admirent, non sans émotion sympathique, dans leurs filles, ces vertus touchantes que la foi inspire et que la science parvient seulement à analyser.

Il y a aussi les gens du monde.

Actuellement, le nombre en est immense; pourtant, quoique les espèces paraissent confondues, au premier abord, chacun sait à merveille reconnaître les siens, sous un habit qui ne fait pas toujours le moine.

A cette phalange d'individus, nous dirons encore qu'elle doit être ravie de son sort et que, sentiments à part, elle n'a aucun motif de regretter les règnes précédents.

Jamais, en effet, dans un autre temps, le plus mince avantage de naissance ou de position personnelle n'a été aussi largement apprécié.

Tout est en valeur, physiquement et moralement : ce qu'on possède et ce que l'on prétend posséder.

Trop fréquemment, parce que c'est un tort, l'on voit nos Crésus modernes troquer fille et fortune, — l'une élevée presque toujours avec plus de délicatesse que l'autre, — contre des noms impossibles, arrogamment portés par d'affreux *petits crevés* qui considèrent le mariage comme un moyen et non comme un but.

VII.

En parlant de ces derniers, nous nous étonnons qu'on n'ait pas saisi, tout de suite, l'avantage qui résulterait pour les familles de l'incorporation de la plupart de leurs rejetons dans la garde mobile.

Quoi! n'est-ce donc rien que cette espérance de voir ces drôles sans vergogne, plutôt les fléaux que les fils de leurs maisons, soumis enfin à la discipline militaire et obligés d'apprendre à respecter les lois de l'honneur?

Comment, vous, parents inhabiles à diriger vos enfants, pouvez-vous craindre pour l'existence honteuse de ceux qui escomptent chaque jour votre mort, afin de devancer le moment d'entrer en jouissance de vos revenus ?

Regardez une fois, sans détourner la tête, ces jeunes vieillards assis aux portes des cafés et buvant de l'absinthe..... N'essayez pas, après, de pénétrer dans leurs cercles, ni de chercher à les entendre..... La malédiction des pères appelle la vengeance divine sur les enfants prodigues en fautes ; et, d'ailleurs, ils riraient encore de cet acte suprême de votre impuissante inertie.

Mais, de grâce, laissez-les le plus longtemps possible sans argent, sous les drapeaux, et contentez-vous de prier Dieu qu'il daigne en faire des hommes.

VIII.

Maintenant, on va peut-être s'imaginer que, pour parler ainsi, nous avons les mille bonnes *raisons* qui justifient la satisfaction stéréotypée de quelques dignitaires de l'Empire..... Qu'on se détrompe, à cet égard ; car jamais la plus légère faveur n'est venue nous corrompre.

Cet optimisme relatif, en un mot, conséquence des faits eux-mêmes que nous venons d'exposer, n'est pas une preuve de cécité volontaire ; c'est le fruit du raisonnement et de l'expérience , l'émission sincère d'une pensée sérieuse.

Élevé dans la foi monarchique, nous croyons fermement que le chef de l'État doit demeurer entouré d'un prestige qui le place au-dessus des autres mortels ; alors, donner sa vie pour sauver la sienne, devient la simple expression d'un sentiment naturel.

Quine voudrait, à ce prix, épargner une secousse à la France?

Ce sacrifice, qui peut être taxé d'exagération, bien des gens ne le feraient-ils pas, sans hésiter, en la personne de leur voisin ?

Nous espérons donc parvenir à inspirer plus de dévouement, d'abnégation ; partant, éloigner les idées étroites, les mesquins calculs d'intérêt particulier ; dégoûter à jamais des fausses nouvelles, surtout des horribles calomnies que débitent même, parfois, de charmantes jeunes femmes, le sourire sur les lèvres.

Et, puisqu'il est reconnu, déjà, qu'on doit mieux aimer sa famille que soi-même, à sa famille, à ses sympathies, nous demandons qu'on préfère encore la patrie.

Un Électeur de l'Oise.

Paris. — Impr. de Ad. Lainé et J. Havard, r. des Saints-Pères, 19.